© 1989 Editions Amrita
Tous droits réservés
pour tous pays.

elfes, fées et gnomes

Préface

Aujourd'hui, nous, les elfes, aimerions vous parler un peu de nous et de notre monde, ce monde tout aussi réel que le vôtre mais qui, pour tant d'humains, n'a pas d'autre réalité que celle des contes de fées.

Il y eut pourtant, autrefois, un temps où nos deux peuples, le vôtre et le nôtre, étaient proches l'un de l'autre, un temps où les hommes ne nous avaient pas rangés sur les rayonnages de leurs chambres d'enfant, un temps où ils connaissaient nos activités, notre joie, notre gaité.

Souvenez-vous...

Nous formons une grande famille, très diversifiée... La terre, l'eau, l'air et le feu sont nos demeures. Oui, nous pourrions dire que nous sommes l'essence même de ces éléments. C'est pour cette raison que nos corps prennent des aspects très divers dès que nous voulons nous manifester. C'est pour cela aussi que les hommes nous ont donné des noms si différents.

Tout comme vous, nous sommes, en première instance, énergie... ou encore esprit. Savez-vous seulement que la manifestation de votre propre énergie, de votre corps, même, contient à la fois les quatre éléments dont nous sommes l'essence ?

Chacun de nous ne manifeste pourtant qu'un seul d'entre eux.
Nous sommes tous, donc, les esprits du feu, de l'air, de l'eau et de la terre. Tous ensemble, nous formons les esprits de la Nature... ceux que vous appelez parfois les Elémentals.

Jadis, les hommes savaient ce que nous faisions pour eux à travers la Nature et prenaient garde à ne pas détruire notre travail. Hélas, de nos jours, il semble que beaucoup d'entre vous aient complètement perdu le contact conscient avec la source de leur vie, la Nature, la Terre.

Nous ne les voyons vivre que pour eux-mêmes et nous sommes obligés de nous retirer de plus en plus dans des lieux où l'air, la terre, l'eau et le feu n'ont pas encore perdu toute pureté. Cela nous attriste tant. Nous espérons que les hommes auront bientôt la volonté de se réveiller pour prendre à nouveau conscience de leur environnement, de leur mère, la Terre et de nous. C'est pourquoi nous avons inspiré trois artistes qui se connaissent bien, qui ne nous ont pas oubliés et que nous chérissons. Chacun d'eux nous a évoqués à sa façon, par la peinture, le dessin, la sculpture. Les portraits qu'ils ont faits de nous, nous font parfois un peu rire mais nous avouons qu'il ne doit pas être facile de nous représenter.

Nous n'avons pas, comme vous, des corps de matière dense. Nous pouvons au contraire adopter chaque forme qui nous plaît ou qui nous est utile en toute occasion.

La matière dans laquelle nous pouvons nous manifester s'appelle l'Ether... Si vous lisez ces lignes c'est parce que vous savez bien que tout, dans l'univers est vibration.

Matière, chaleur, son, lumière, couleurs, rayons ultra-violet, rayons X, âmes, esprits, tout est vibration sur une certaine longueur d'onde. L'Ether qui nous donne vie est un monde dans lequel les manifestations vibrent sur une fréquence qui n'est pas, en général, visible, audible, palpable pour les sens des hommes.

Nous disons «en général» parce qu'il y en a parmi vos semblables, surtout des enfants, qui nous aperçoivent malgré tout, et jouent avec nous.

Notre monde, nous vous le disons, est donc aussi réel que le vôtre, peut-être plus encore parce qu'il pénètre les cellules de la matière et les rend vivantes.

Ne sentez-vous pas que vous faites également partie intégrante de ce monde ? Vous l'avez un peu oublié...

Pour vous rappeler notre existence et notre amour de la vie, nos trois amis, Johfra, Ellen Lorien et Carjan, ont donc donné, avec charme, un aspect de notre être.

Puissent ainsi les hommes mieux nous comprendre et se rendre compte de l'influence que nous exerçons en secret sur eux.

Puissent-ils prendre conscience qu'ils ne sont pas les seuls êtres au monde sur la voie de l'évolution... Il y a tant d'autres peuples, non-humains mais tellement doués d'intelligence, qui suivent leur propre ligne d'éveil !

Tout cela ne l'oubliez jamais plus ! Promis ?

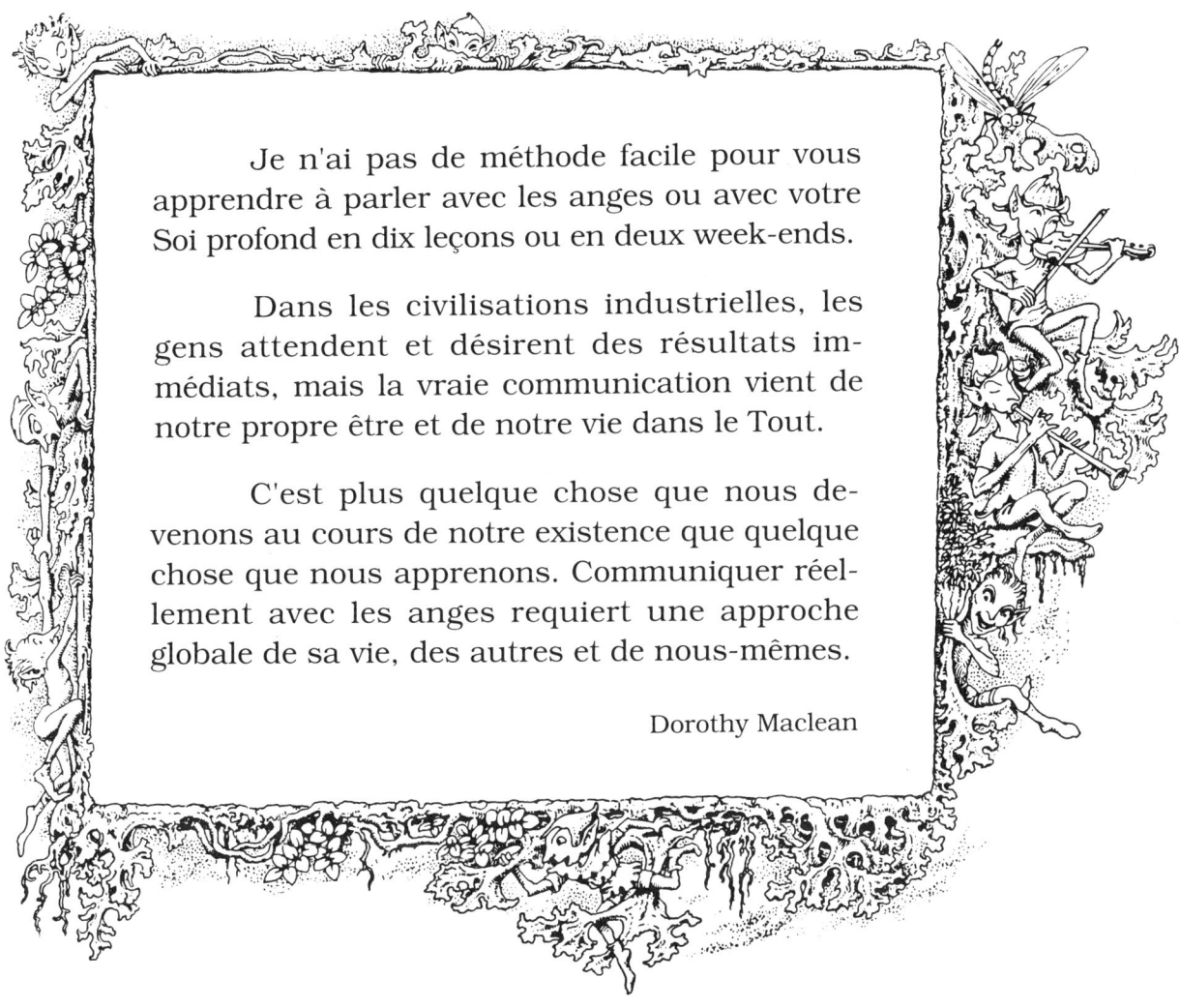

Je n'ai pas de méthode facile pour vous apprendre à parler avec les anges ou avec votre Soi profond en dix leçons ou en deux week-ends.

Dans les civilisations industrielles, les gens attendent et désirent des résultats immédiats, mais la vraie communication vient de notre propre être et de notre vie dans le Tout.

C'est plus quelque chose que nous devenons au cours de notre existence que quelque chose que nous apprenons. Communiquer réellement avec les anges requiert une approche globale de sa vie, des autres et de nous-mêmes.

Dorothy Maclean

Les dévas sont les constructeurs de notre monde. Incarnations de l'intelligence créative, ils manient ou transmuent ce que nous pourrions appeler énergie (ondes vibratoires ou particules dans les modèles théoriques) pour en faire des structures toujours plus «physiques» (y compris les structures émotionnelles et mentales) et finalement ce que nous appelons matière.

En tant que constructeurs de la vie, il est évident qu'ils habitent notre planète depuis longtemps.

En tant que constructeurs en énergie, ils trouvent les briques pour leurs constructions dans des endroits invraisemblables. Ils tirent de l'art, des ingrédients nécessaires pour le sol... et utilisent nos pensées positives pour renforcer les plantes chétives.

Pour ce qui est des sentiments, les dévas sont une source constante de joie et d'élévation. Ils opèrent depuis le plan bouddhique (principe de sagesse) et les plans mentaux supérieurs, en faisant avancer le processus d'évolution.

Nous appartenons à l'ordre angélique, à une lignée de purs serviteurs, et notre beauté participe d'un certain détachement. Oui, détachement. Certaines fleurs sont au mieux dans une joyeuse mêlée ; nous, nous trônons de manière solitaire.

Quand nous vous demandons de penser aux plantes, ou à n'importe quoi, en termes de lumière vivante, nous n'essayons pas de vous détourner de la beauté du monde vu par des yeux humains, mais d'ajouter à cette beauté, de lui ajouter davantage de réalité, de vous aider à élever toute création. En pensant en termes de lumière, vous ajoutez de la lumière à celle qui existe déjà ; vous accélérez la croissance et vous augmentez la beauté. Vous voyez la vérité et vous vous reliez à la réalité.

L'homme change profondément la face de la Terre, pensant seulement qu'il déplace de la matière sans valeur quand il nivelle le sol et la végétation, ou de la matière précieuse (pour lui) quand il extrait des minéraux, du pétrole, etc... S'il pensait à toute chose comme à de la lumière vivante, à de la substance vitale, il ne pourrait pas altérer le paysage avec autant de légèreté. Tout individu attire à lui le résultat de ses pensées. Si vous pensez positivement à une situation, vous manifestez un résultat positif. Si vous êtes négatif, vous attirez sur vous-même davantage de négativité. C'est donc une idée pratique que de penser en termes de lumière, car vous obtiendrez une réponse de toute la Création. Toute création est lumière, bien qu'elle soit obscurcie par la pensée humaine. Même la matière dense répondra, et tout sera uni dans la joie. La conscience marchera de l'avant quand l'homme se reliera scientifiquement et intérieurement aux octaves supérieurs de la vie. Alors aimez la lumière et changez votre monde.

 es fées de la surface des eaux, et principalement celles de la mer sont nettement plus nombreuses que celles qui vivent sur terre. Là encore, selon les régions, les océans et les climats, les fées ont des apparences très diverses...

«Les néréides, comme leurs sœurs de la terre, ont toutes les formes, mais peut-être imitent-elles plus fréquemment celle de l'homme. Pour parler d'une façon générale, elles tendent à prendre des formes plus grandes que les fées des bois et des montagnes ; la majorité de celles-ci est petite, tandis que l'esprit des mers, qui copie habituellement l'homme, adopte sa taille aussi bien que sa forme.»

Un déva des buissons parla de la joie comme de l'élan dans la direction de la force, comme de la nature même de la vie, le fleuve de vie de la Nature :

Nous volons avec les ailes de la joie, car nous ne pourrions pas manipuler les forces si nous étions soumis à une pesanteur comme des hommes. Nous faisons germer les plantes par l'activité de forces tourbillonnantes, et la joie en nous a un mouvement constant que nous faisons passer dans notre travail. Quel amusement de maintenir chaque petit atome dans sa forme.

«L'Ange du Paysage explique sa fonction comme étant de diriger des courants de lumière vers la Terre, pas juste pour la végétation des plantes mais dans de nombreux buts, comme relayer des énergies venant des étoiles, toujours les équilibrant et les raffinant. De tels anges sont des relais de puissance conscients. A cause de leur profonde conscience de la Divinité dans tout ce qu'ils font, les forces qu'ils manient ne sont pas des longueurs d'ondes impersonnelles mais transportent une source d'élévation, de beauté, d'émerveillement. C'est une autre manière par laquelle ils jouent leur rôle dans la spirale ascendante de la vie.

La vie dévique a constamment le sens du service, en partie dirigé vers l'homme. De grands Etres du Feu déversent depuis le soleil des radiations à haute énergie pour aider à l'élévation de la Terre, mais ils font cela de façon extrêmement lente, pour ne pas nous faire du mal.»

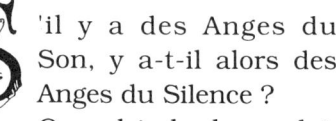'il y a des Anges du Son, y a-t-il alors des Anges du Silence ?

Quand je le demandai, l'Ange du Paysage fut un intermédiaire pour moi car j'étais incapable d'aller assez loin dans le Silence ; il dit que le Déva du Silence enjambe l'univers sans obstacle, n'ayant une réelle signification pour nous que lorsque notre conscience est toute proche de la Source.

Le Silence est une force de vie, de guérison pour les humains qui cherchent, et pour les plantes évidemment, car les grands Anges du Silence vont profondément dans les racines de chaque plante pour lui faire prendre conscience que, quelques mauvais traitements qu'elle puisse recevoir, tout est bien.

Les dévas semblaient presque excédés de la manière dont la beauté du monde des plantes était exprimée et pas la beauté de l'humanité ; ils demandaient :

Pourquoi ne laissez-vous pas, comme nous, la vie croître en vous ? Pourquoi mettez-vous un frein à votre énergie ou pourquoi la détournez-vous dans des habitudes que vous avez perdues depuis longtemps ? Vous avez vos codes, vos systèmes, vos manières de vivre que vous pouvez avoir trouvés utiles dans le passé, mais qui nous semblent seulement s'opposer à l'énergie divine en vous...

«Les élémentals connus sous le nom générique de fées, bien que de nature plus évoluée, sont également liés à la terre. Il en existe cependant certaines classes plus particulièrement en rapport avec l'air et l'eau. Leurs apparences sont nombreuses et variées, mais elles sont en majorité d'apparence humaine.

Il existe aussi une catégorie de fées ayant l'apparence d'une personne adulte, mais tout habillée de blanc. Certaines sont appelées au moment de certains événements de la vie des hommes, notamment au moment de la naissance et de la mort.»

ans la nature, les fées s'assemblent toujours dans des endroits circulaires...

«Les familiers de la chasse aux pâquerettes rencontrent souvent, sur les collines herbues, des bandes circulaires d'un vert plus sombre où la végétation plus touffue est, aussi, plus haute de moitié. Très souvent hémicycliques, épanouies, parfois, en une parfaite circonférence, ces bandes diffèrent de diamètre et de largeur ; elles semblent tracées au compas et s'empourprent à l'automne d'un diadème d'oronges et d'autres cryptogames aux vives couleurs. Une vieille tradition nous affirme que les fées ont dansé là leur ronde, au clair de lune...»

    Certaines personnes stimulent la croissance des plantes, d'autres ont sur elles un effet déprimant, ou même leur retirent de l'énergie. La joie est reçue très positivement par les plantes comme celle des enfants lorsqu'ils jouent.

    Vos vibrations et celles des plantes se mêlent plus que vous ne l'imaginez : les esprits de la nature, s'ils fuient les hommes, ne peuvent éviter de ressentir leurs vibrations car l'absence, chez eux, des diverses enveloppes propres aux humains, les rend vulnérables...

Nous avons nos modèles, mais la force de vie s'y écoule aisément et parfaitement, et les complète. Vous avez vos problèmes, mais l'énergie semble s'écouler partout sauf dans ce qu'il faudrait. Nous vous voyons vous imiter l'un l'autre, suivre les modes répandues, faire quelque chose parce que vous l'avez toujours fait, choisir par habitude ou, en d'autres termes, vous fermer à la poussée de la vie en vous. Quel gaspillage, quand vous avez la plus merveilleuse énergie divine, laquelle, si vous la suiviez, ferait de cette Terre un paradis !

Pourquoi errer comme des zombies à suivre tel ou tel guide extérieur, alors qu'en tout temps votre seul guide est en vous ?

«Une fée vient au monde pleinement développée, comme l'insecte. Elle vit sa vie courte ou longue, sans aucune apparence de fatigue ou besoin de repos et sans aucun signe perceptible d'âge à mesure que les années passent. Mais, à la fin, il vient un temps où son énergie semble s'être épuisée, où elle devient comme fatiguée de la vie.»

«Les sylphes sont le type le plus élevé des esprits de la nature, type constituant le point où convergent à la fois les lignes de développement de toutes les créatures terrestres et maritimes. Ils sont, au-dessus de tous les autres élémentals, car ils se sont libérés de la matière physique et agissent à travers une forme astrale.»

Les elfes, qui font partie des élémentals de l'air, sont de véritables petites copies de l'apparence humaine. Certains sont très beaux, d'autres peuvent être très disproportionnés. Ils donnent l'impression de se déplacer à très grande vitesse, et leur taille est d'environ de la grandeur d'une main, ou moins encore. Ils vivent en général dans les forêts, près des fleurs, et peuvent donner l'impression d'être de véritables libellules. Ils affectionnent particulièrement la douce lumière et les parfums.

Quoi qu'il arrive, nous maintenons immuable l'idée archétypique. Si une modification est nécessaire, nous gardons cette modification comme faisant partie de la forme. Alors cela reste inchangé, avec une grande stabilité qui dérive de la paix éternelle de Dieu. L'incroyable activité de notre royaume s'affaire autour des formes, s'assurant qu'elles sont amenées parfaitement à la Forme, la servant sans cesse. Nous exposons ceci parce que nous voudrions vous voir réaliser que, vous aussi, avez la même qualité de dévouement sans déviation à une idée, que vous pouvez maintenir solide comme le roc dans la Paix de Dieu.

ous avons huit êtres supranaturels. Ces petits êtres sont partout, quelquefois beaux, quelquefois laids, et généralement bleus ou verts. Leur travail est de vous amener à rire de vous-mêmes. Nous prions pour ces êtres supranaturels et les invitons. Dans la hutte à sudation, l'Indien bourre la pipe sacrée et invite tous les esprits positifs et négatifs à entrer, ils accourent, ils sont là, même si vos yeux ne peuvent les voir. Lorsque les prières sont terminées, la pipe est placée à l'extérieur, sur le tertre sacré qui symbolise la Lune. Puis l'Indien prend la sauge et du cèdre et les fait brûler. L'odeur de la sauge dérange fortement les êtres supranaturels qui détalent à toute vitesse. Lorsque la pipe est emplie et que la sauge a été brûlée, ne restent que des forces positives, tous les sentiments mauvais sont repoussés. La porte de la hutte se ferme, et c'est l'esprit qui entre. Nous respirons et nous prions. Peut-être que certains ne parviennent pas à prier tout de suite, mais à respirer le même air que les autres, ils finissent par s'ouvrir au sentiment de la prière et par prier."

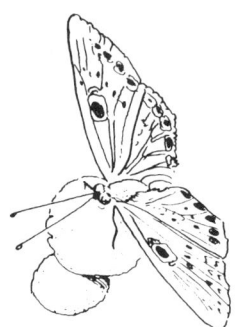

«Votre amour pour notre royaume nous unit aux humains. Voyez-vous, nous n'avons pas d'égo individuel ; lorsque vous aimez un hêtre, par exemple, vous aimez en réalité tous les hêtres, vous entrez en contact avec l'ensemble de l'espèce. Bien que ce soit un spécimen particulier qui éveille cet amour en vous, il est incapable de le prendre en considération pour lui-même, et ainsi vous vous reliez automatiquement à l'esprit de cette espèce. Si le royaume des humains pouvait développer cette qualité, ce serait la fin de la guerre, de la compétition et des conflits.»

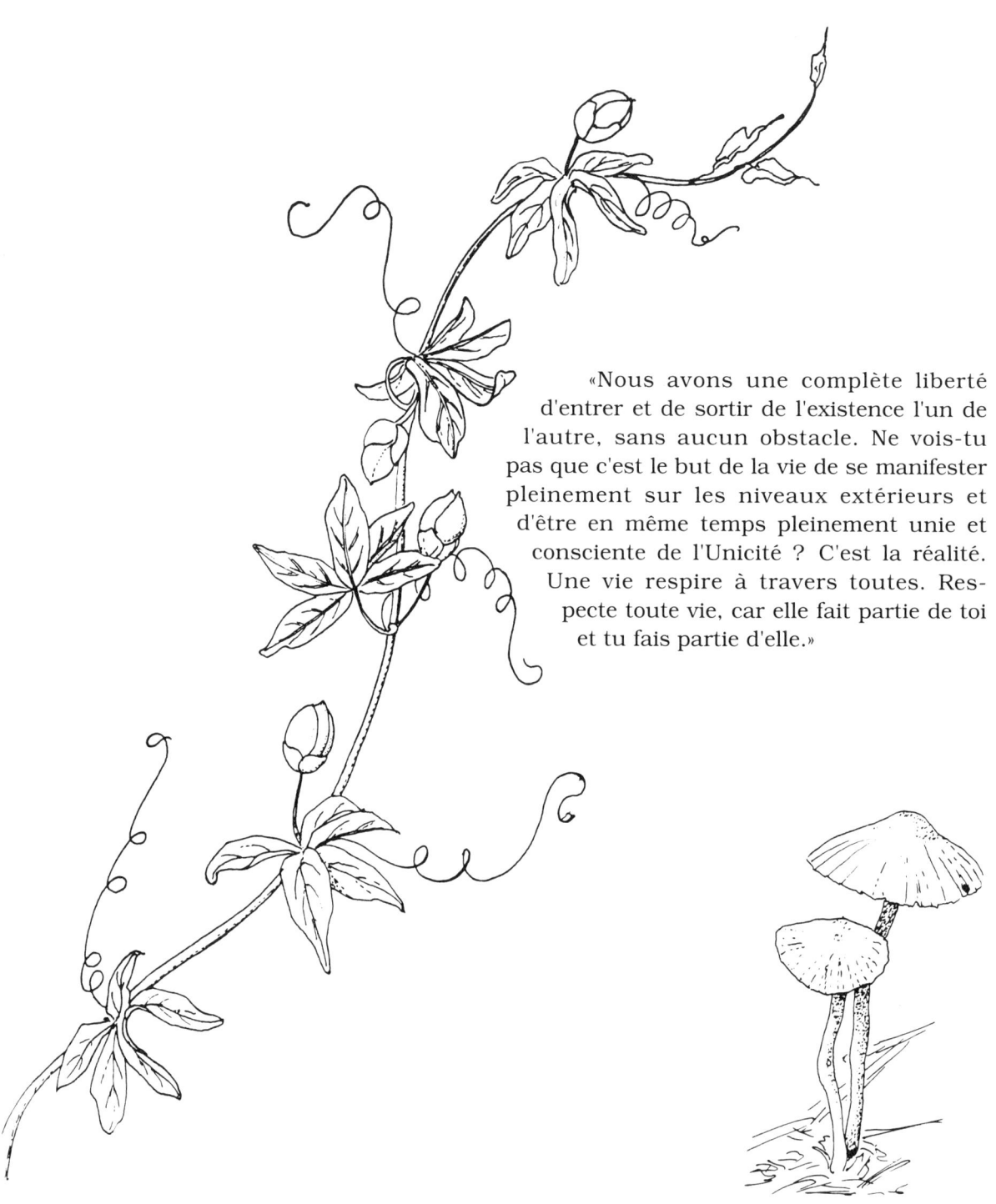

«Nous avons une complète liberté d'entrer et de sortir de l'existence l'un de l'autre, sans aucun obstacle. Ne vois-tu pas que c'est le but de la vie de se manifester pleinement sur les niveaux extérieurs et d'être en même temps pleinement unie et consciente de l'Unicité ? C'est la réalité. Une vie respire à travers toutes. Respecte toute vie, car elle fait partie de toi et tu fais partie d'elle.»

Nous apprécions votre amour pour le jardin et tout ce qui le compose, les soins et l'attention que vous lui portez. Mais, il nous importe bien plus que vous le perceviez comme faisant partie d'un vaste ensemble. Cultiver des plantes pour leur beauté, leur apparence ou leur utilité ne suffit pas. Faites-le aussi parce que chacune est une expression du Tout.

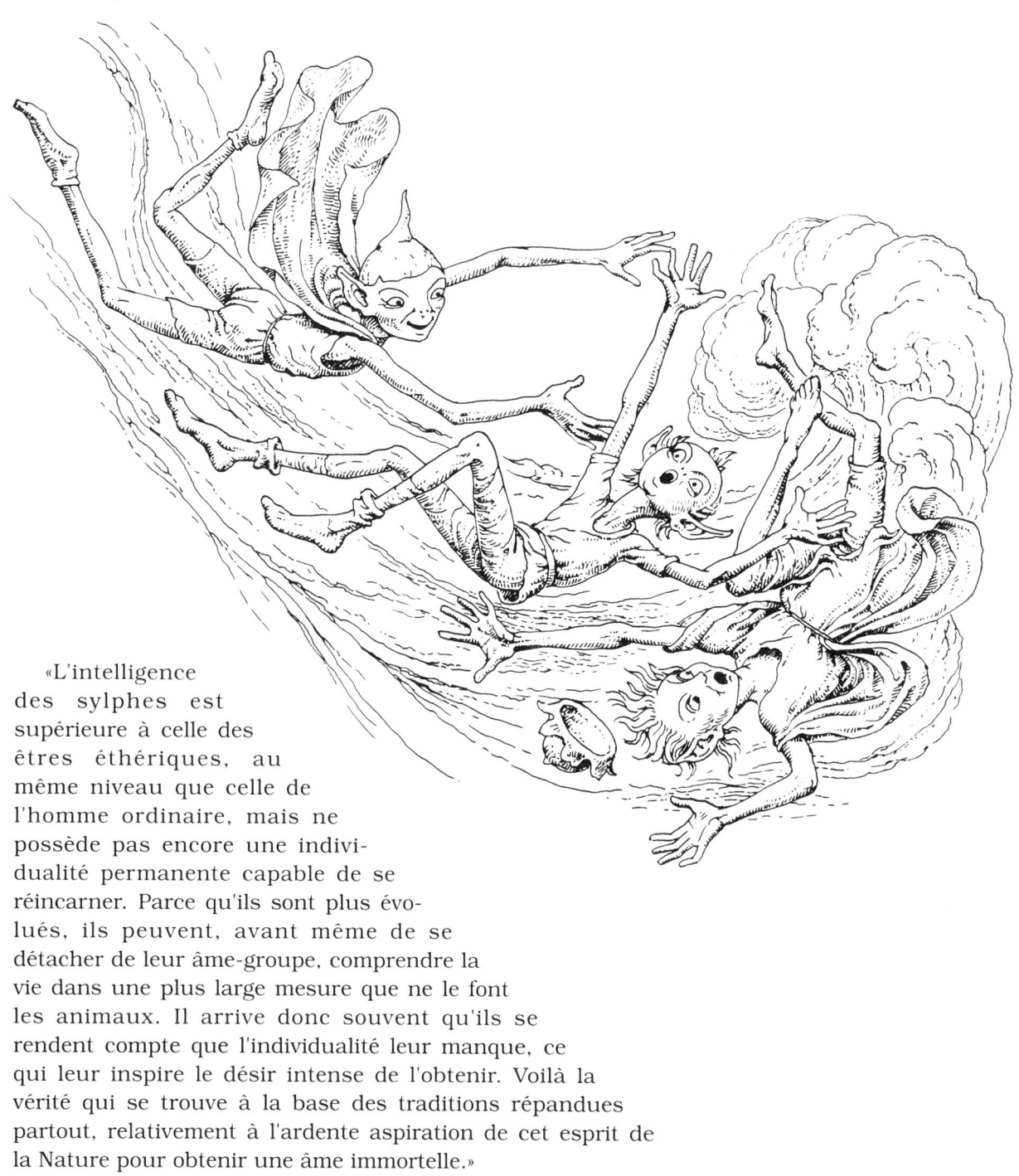

«L'intelligence des sylphes est supérieure à celle des êtres éthériques, au même niveau que celle de l'homme ordinaire, mais ne possède pas encore une individualité permanente capable de se réincarner. Parce qu'ils sont plus évolués, ils peuvent, avant même de se détacher de leur âme-groupe, comprendre la vie dans une plus large mesure que ne le font les animaux. Il arrive donc souvent qu'ils se rendent compte que l'individualité leur manque, ce qui leur inspire le désir intense de l'obtenir. Voilà la vérité qui se trouve à la base des traditions répandues partout, relativement à l'ardente aspiration de cet esprit de la Nature pour obtenir une âme immortelle.»

Les salamandres sont continuellement utilisées par les hommes sans le savoir. Ce sera l'allumette du fumeur et le gaz de la cuisinière. Bien des actions quotidiennes entrées dans le monde des habitudes nous font perdre conscience de la présence de ces vies. On aperçoit assez aisément les salamandres dans les cheminées. Leur catégorie diffère proportionnellement à l'intensité du feu. Il y a ainsi une grande différence entre la petite flamme bleue du foyer et les immenses brasiers jaunes. D'autres catégories supérieures donnent corps aux éclairs et à la foudre. Tout ce que l'astronome perçoit dans sa lunette, il le doit aux grandes vies de feu qui illuminent les étoiles et les planètes, alimentent les soleils et produisent tous les phénomènes relativement bien connus par la science, qu'il s'agisse de l'éclatement d'une supernova ou du passage d'une comète.

Les salamandres, tout comme les sylphes, sont difficiles à décrire, car elles sont toujours en mouvement. Mais il est possible, par un certain effort de volonté, de les fixer un millième de seconde et de les apercevoir, car leur corps est fait de la flamme elle-même, derrière laquelle elles se cachent."

«Aujourd'hui, avec la pollution des mers et des fleuves, les néréides fuient l'homme. Ces élémentals de l'eau se trouvent rarement dans les grandes profondeurs aquatiques, ils se plaisent à jouer dans l'écume bondissante des grosses vagues, et lorsqu'ils demeurent sous l'eau, c'est de préférence dans les grottes submergées où pénètre la lumière solaire.

»Il est une intéressante variété de fées des eaux ; ce sont les esprits des nuages, entités dont la vie se passe presque parmi «les eaux qui sont au-dessus du firmament».

»Ils demeurent généralement dans le silence lumineux du domaine des nuages, et leur passe-temps favori consiste à mouler leurs nuages en des formes étranges et fantastiques ou, à les arranger en rangs compacts comme ce que nous appelons un ciel pommelé.»

«Les ONDINES est le terme souvent utilisé pour décrire les esprits de l'eau. Leur différence serait qu'elles vivent plus particulièrement dans les fleuves, bien que certaines vivent sur les côtes.

«Elles nagent à grande vitesse et elles sont souvent confondues avec les néréides. Les traditions les représentent peignant leur longue chevelure dans des attitudes très féminines. Elles donnent en général, une impression de faiblesse et de fragilité comparées aux puissantes et orgueilleuses néréides.»

Les NYMPHES, d'apparence très humaine, se trouvent dans tous les endroits où il y a de l'eau. En forêt, elles sont appelées DRYADES, dans les grands étangs, NAIADES, dans les montagnes GREADS, et lorsqu'elles apparaissent sous la forme d'un cheval, KELPIES.»

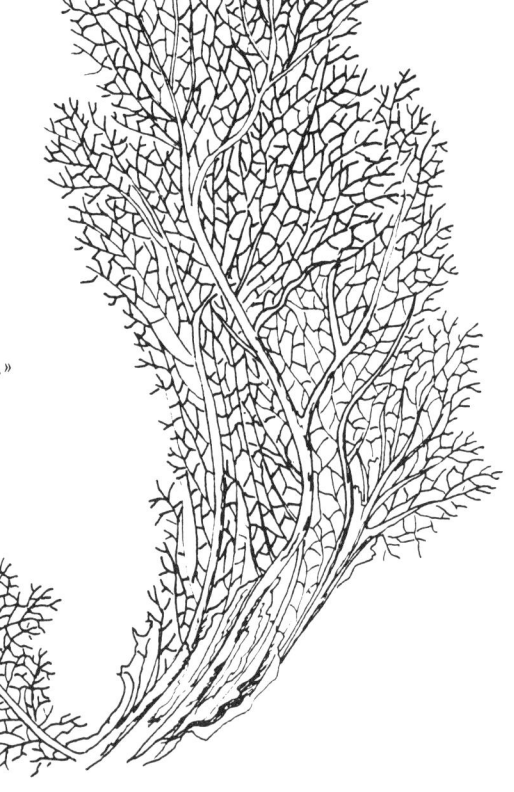

«Ces petits êtres donnent l'impression d'être entièrement revêtus d'une peau, bien ajustée, d'un seul tenant, qui reluit faiblement comme si elle était mouillée. Ils ont des pieds et des mains de grande dimension et hors de proportion avec le corps. Leurs jambes sont un peu maigres ; les oreilles charnues, pointant vers le haut ont presque la forme d'une poire. Le nez semble pointu et la bouche est large. Il n'y a ni dents ni morphologie à l'intérieur de la cavité buccale, pas même une langue...

C'est exactement comme si tout l'ensemble était fait de gelée. Les entourant comme un double éthérique entoure une forme physique, on remarque une lumière verdâtre ayant quelque ressemblance avec de la vapeur chimique.»

Les fées affectionnent l'éclat du soleil et de la lune. «Ces êtres partagent la joie et la satisfaction de la terre lorsqu'elle a soif et que la pluie vient rafraîchir les fleurs et les arbres, mais ils sont aussi heureux lorsque la neige tombe. Non seulement ils admirent, avec une intensité que nous ne pouvons comprendre, la beauté d'une fleur ou d'un arbre, la délicatesse de ses couleurs ou la grâce de sa forme, mais ils prennent un vif intérêt et un profond plaisir dans tous les processus de la nature. Naturellement, cette caractéristique est utilisée par les grands Etres qui ont charge de l'évolution, et par les esprits de la nature employés à aider à l'assortiment des couleurs et à l'arrangement des variations. Ils s'occupent aussi beaucoup de la vie des oiseaux et des insectes, à l'éclosion des œufs, à l'épanouissement de chrysalides, et veillent d'un œil jaloux aux ébats des agneaux et des paons, des levrauts et des écureuils.»

«Les fées des plantes, les elfes, construisent et peignent les fleurs ; les petits êtres radieux habitent les bois et les champs ; les élémentals travaillent avec les fruits, les légumes et tout ce qui tend à couvrir la surface de la terre de verdure. Leur sont associés les dévas mineurs de la magnétisation, ceux qui sont attachés aux lieux sacrés, aux talismans, aux pierres et aussi un groupe spécial qui se trouve autour des habitations des Maîtres, où qu'elles soient.»

«Lorsque vous travaillez le sol avec amour, lorsque vos pensées pour lui et la vie qu'il contient sont des pensées d'amour, la différence est énorme. Vous canalisez alors vers lui une énergie élevée et l'imprégnez de puissance divine.

Car, voyez-vous, la matière et la vie du sol n'ont pas grande conscience de Dieu, et c'est là que l'homme est capable d'intervenir, en les bombardant de vibrations plus élevées, de sorte qu'il relève entièrement leur niveau. C'est en cela qu'il peut prendre part à notre travail commun : élever le seuil des vibrations de la vie sur cette planète.

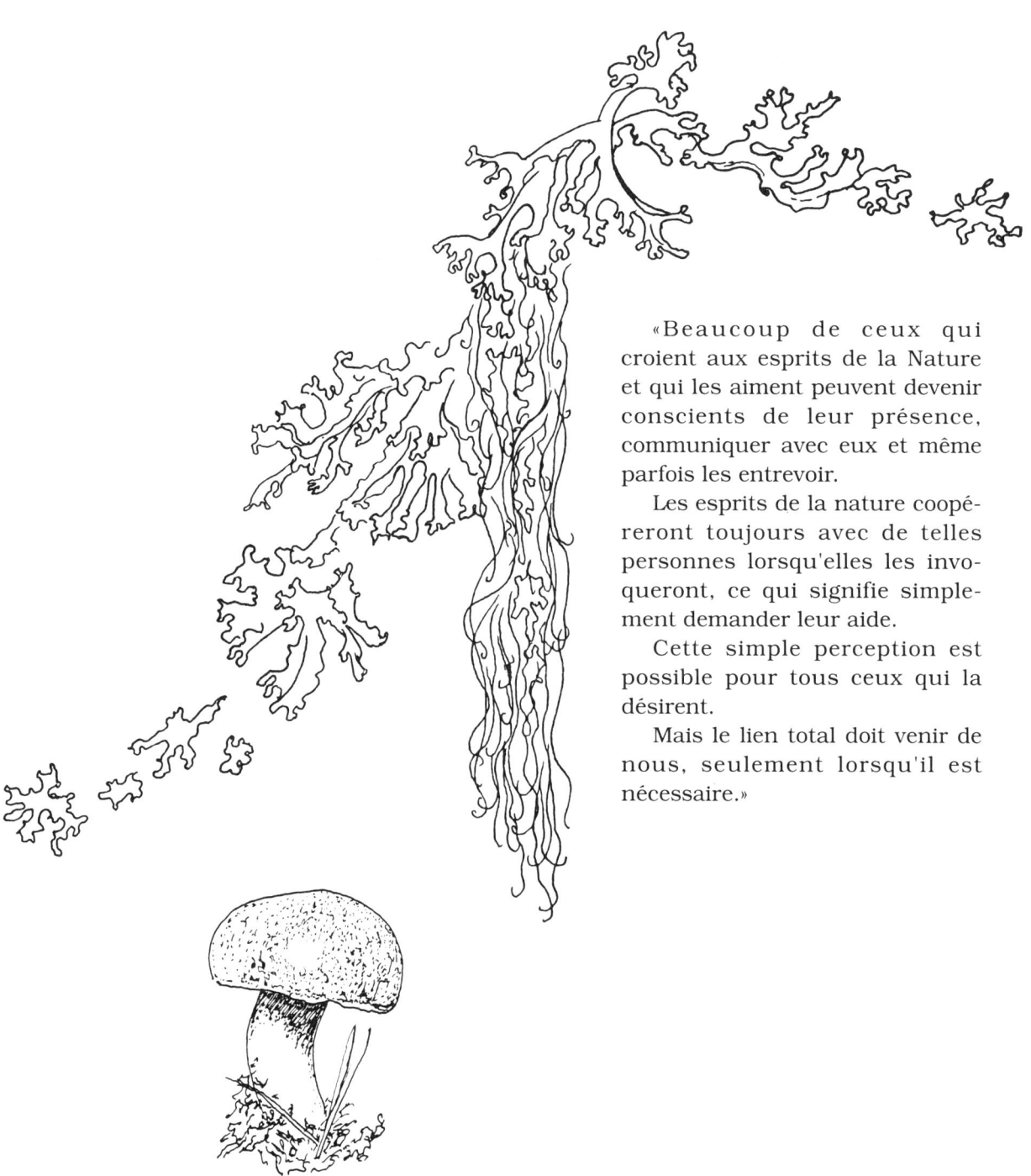

«Beaucoup de ceux qui croient aux esprits de la Nature et qui les aiment peuvent devenir conscients de leur présence, communiquer avec eux et même parfois les entrevoir.

Les esprits de la nature coopéreront toujours avec de telles personnes lorsqu'elles les invoqueront, ce qui signifie simplement demander leur aide.

Cette simple perception est possible pour tous ceux qui la désirent.

Mais le lien total doit venir de nous, seulement lorsqu'il est nécessaire.»

Les gnomes sont les travailleurs qui sans cesse contruisent et détruisent les formes terrestres. Le terme vient d'un mot grec signifiant «celui qui vit à l'intérieur de la terre». Cela n'est du reste pas exact, car de nombreuses classes de gnomes vivent dans l'aura de surface du globe physique qu'est notre Terre.

Certains gnomes ont des missions bien précises, notamment celle de garder et de protéger des richesses minérales, comme des pierres ou des métaux précieux, ou encore du pétrole, du gaz, du charbon.

Certaines richesses archéologiques et d'authentiques trésors sont ainsi parfois protégés des vandales.

Certaines classes de gnomes qui gardent les lieux sont des êtres hideux et fort dangereux car ils ont le pouvoir de se matérialiser et même d'être perçus par l'oreille humaine.

Mais les gnomes ont aussi la déplorable tendance à faire des pitreries. Ces petits êtres sont espiègles et s'amusent beaucoup des problèmes qu'ils créent. En général, ils agissent sur les fonctions psychiques des individus, utilisant leurs propres faiblesses.

«Leur royaume est intangible. Il n'est pas matériel et ne peut être appréhendé au moyen des cinq sens physiques, si ce n'est dans un état de conscience plus élevé. L'existence du monde des élémentaux ne peut être prouvée pour donner satisfaction aux scientifiques, pas plus que les réactions de ses habitants ne peuvent être mises en évidence en laboratoire. Toutefois, pour celui qui peut percevoir à l'aide de sens plus affinés, ce monde est aussi réel que n'importe lequel des mondes plus matériels.»

«L'amour est une réalité tangible semblable à un pont que chacun peut traverser. La sentimentalité n'est pas de l'amour et n'existe pas chez nous. Lorsque nous allons vers vous, nous le faisons par l'énergie ; vous pouvez faire de même. Bien que vous ne puissiez pas la voir, l'entendre, la toucher, la sentir ou la goûter, notre énergie est fantastique. Ici et maintenant nous offrons notre force d'amour, tout un univers dynamique prêt pour établir une relation d'intelligence avec cette partie de l'humanité qui acceptera d'utiliser toutes les énergies divines au service du Tout.»

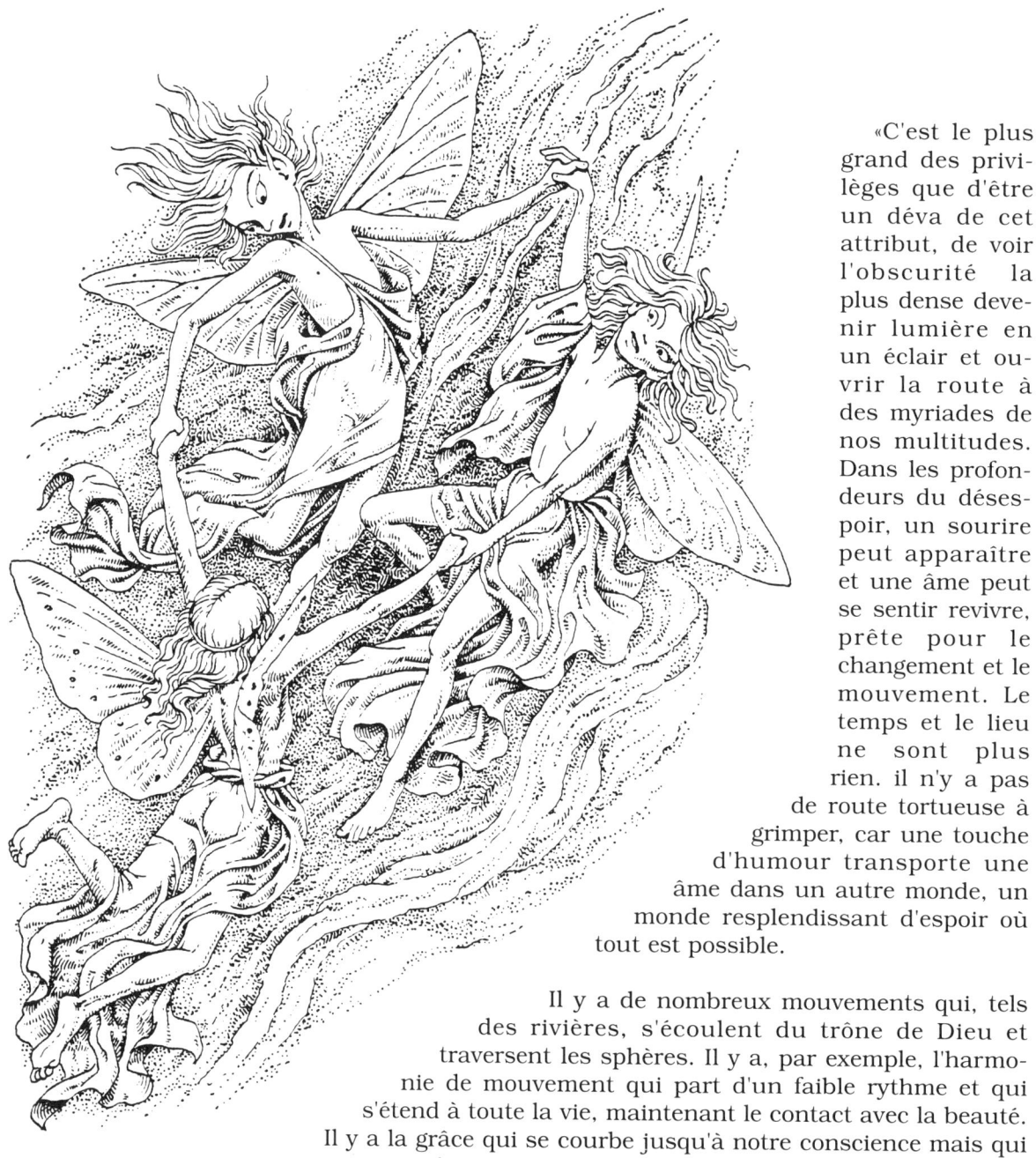

«C'est le plus grand des privilèges que d'être un déva de cet attribut, de voir l'obscurité la plus dense devenir lumière en un éclair et ouvrir la route à des myriades de nos multitudes. Dans les profondeurs du désespoir, un sourire peut apparaître et une âme peut se sentir revivre, prête pour le changement et le mouvement. Le temps et le lieu ne sont plus rien. il n'y a pas de route tortueuse à grimper, car une touche d'humour transporte une âme dans un autre monde, un monde resplendissant d'espoir où tout est possible.

Il y a de nombreux mouvements qui, tels des rivières, s'écoulent du trône de Dieu et traversent les sphères. Il y a, par exemple, l'harmonie de mouvement qui part d'un faible rythme et qui s'étend à toute la vie, maintenant le contact avec la beauté. Il y a la grâce qui se courbe jusqu'à notre conscience mais qui maintient un lien étroit avec l'En-Haut.»

«Quel amusement que la vie ! Maintenir chaque petit atome dans son schéma est le maintenir dans la joie. Vous, les hommes, nous vous voyons faire grise mine devant vos tâches, faisant les choses sans agrément parce que «elles doivent être faites», et nous nous étonnons que l'étincelle de vie qui vous a été donnée puisse être ainsi appauvrie et déguisée. La vie est abondance de joie ; chaque petite morsure d'une chenille dans une feuille est faite avec plus d'entrain que ce que nous sentons parfois chez vous, les hommes.»

Nous aimerions souligner et évoquer de nouveau l'idée d'Unité, car vous rejetez et qualifiez de «vermines» ou de «mauvaises herbes» de nombreux éléments de la Création. Divers autres, moins évidents, rentrent dans votre classification de «bons» et de «mauvais». Cette façon de voir évoluera à mesure que se développera votre conscience. Nous aimerions tracer en lettres de feu que l'Unité est.

On peut dire que les dévas n'ont pas de langage sonore, audible, mais réagissent par contre aux vibrations plus subtiles de nos pensées et de nos émotions.

...Pour les dévas *verts*, le sentier de service est la magnétisation dont la race humaine ne sait encore rien. Par ce pouvoir, ils jouent le rôle de protecteurs de la vie végétale et des lieux sacrés de la terre.

Ils sont d'un développement élevé et on prendra contact avec eux principalement par la magnétisation. Les plus grands dévas de cet ordre veillent sur les lieux magnétiques de la terre, gardent la solitude des forêts, réservent des espaces intacts sur la planète, qui doivent demeurer inviolés ; ils les défendent de toute dégradation.

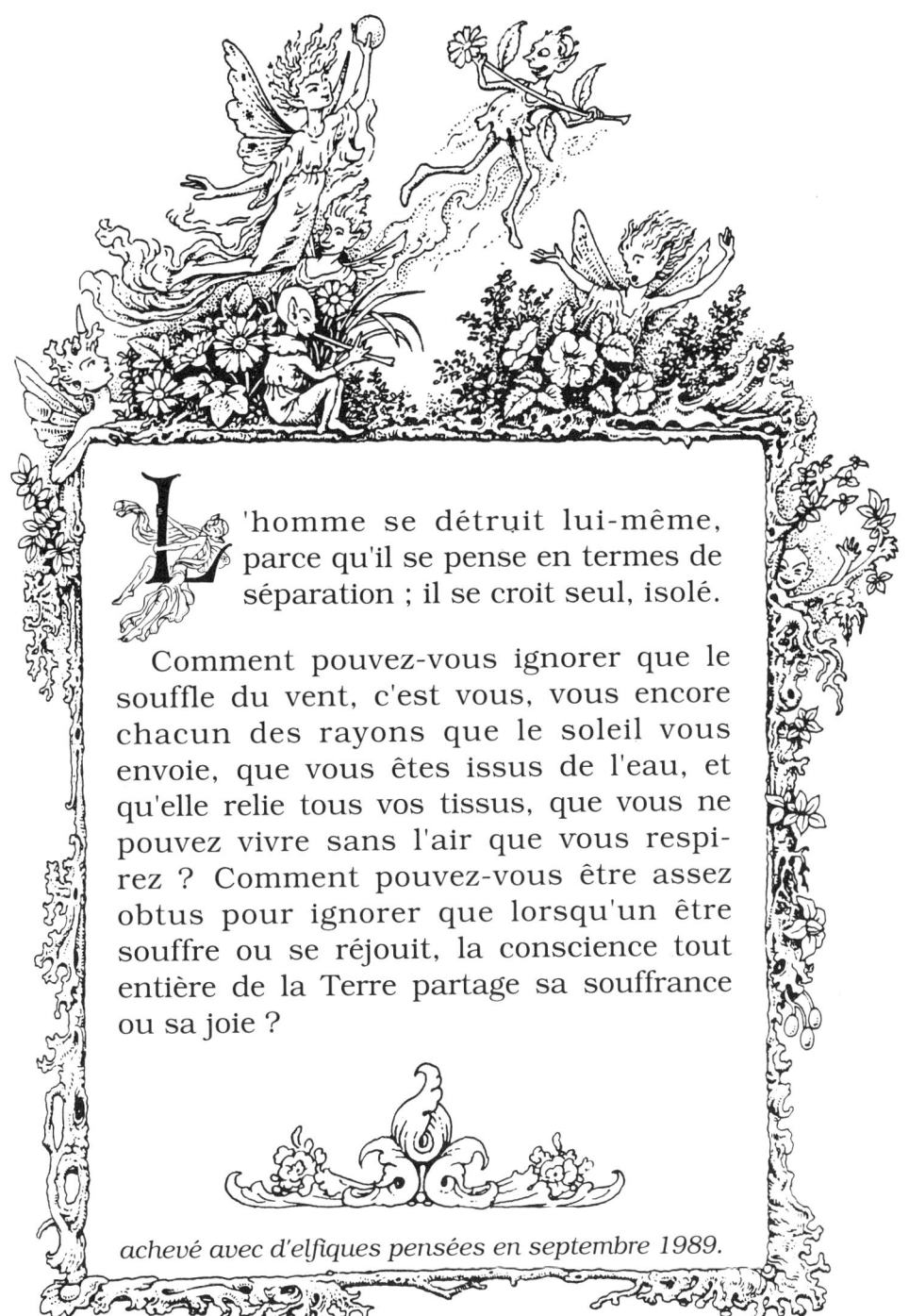

L'homme se détruit lui-même, parce qu'il se pense en termes de séparation ; il se croit seul, isolé.

Comment pouvez-vous ignorer que le souffle du vent, c'est vous, vous encore chacun des rayons que le soleil vous envoie, que vous êtes issus de l'eau, et qu'elle relie tous vos tissus, que vous ne pouvez vivre sans l'air que vous respirez ? Comment pouvez-vous être assez obtus pour ignorer que lorsqu'un être souffre ou se réjouit, la conscience tout entière de la Terre partage sa souffrance ou sa joie ?

achevé avec d'elfiques pensées en septembre 1989.

Tableau des textes en référence

- La voix des Anges (par Dorothy Maclean) Ed. du Souffle d'Or – p. 9, 10 (citant G.-A. Gaskel), 14, 18, 20, 22, 24, 32, 40, 46, 74, 76.
- Dévas ou les mondes angéliques (par Michel Coquet) Ed. L'Or du Temps – p. 16, 26, 28 (citant Stanislas de Gaîta), 34, 36 (citant Leadbeater), 38, 50 (citant Leadbeater), 52, 54, 56 (citant Georges Livraga), 58 (citant G. Hodson), 60 (citant Leadbeater), 68 et 80.
- Les jardins de Findhorn Ed. Nature et Progrès – p. 12, 30, 44, 48, 64, 66, 70, 72, 78, 82.
- Inipi, le chant de la Terre – spiritualité traditionaliste Lakota (par Archie Fire Lame Deer) Ed. L'Or du Temps – p. 42.
- Traité sur le feu cosmique (Alice Bailey) Ed. Lucis – p. 62.

Table des illustrations

Johfra

Tendresse	p. 11
Elfe de la rose	p. 13
Beaucoup de fleurs mauves	p. 25
La fée du grand mystère	p. 27
La fée royale	p. 29
Il dort, moi pas	p. 33
La servante de Flora	p. 35
Repos sur le pavot	p. 37
Danse autour du pavot	p. 39
Danse dans le nénuphar	p. 43
En automne aussi nous dansons	p. 59
Allégresse du printemps	p. 63
Les gardiens de la terre	p. 69
Ceci est ma fleur à moi	p. 73
Vois-tu le symbole	p. 75
Explosion sur fleurs de pommier	p. 77
Le rayon d'amour	p. 81
Elfe de la source	p. 17
Déva du paysage	p. 21
Elfe des nénuphars	p. 23
Fée des fleurs blanches	p. 41
Mimosetta prima vera	p. 45
L'elfe de la passiflore	p. 47
Sylphes du vent	p. 51
Le déva du feu	p. 53
Blue-Bell ondine	p. 55
Ondine du pacifique	p. 57
Titania et sa musique de nuit	p. 61
Elfe des mousses	p. 67

Ellen Lorien

Elfes du jardin	p. 15

Carjan

Le joueur de flûte	p. 19
Le son de la clochette	p. 31
Le gardien des balsamines	p. 49
Gnome de l'agate	p. 65
La fée rose	p. 71
Le voyage magique	p. 79

Les dessins au trait sont de Johfra et Ellen Lorien.

Les cartes et posters de Johfra et Ellen Lorien sont disponibles
aux Editions du Chant des Toiles 24580 Plazac - Tél. 53 50 74 40

Cet ouvrage a été imprimé
en Mars 1994
sur les Presses de l'Imprimerie Chastrusse s.a.
19105 Brive

Chantal Levraut
en a assuré
la maquette pour le compte
des Editions Amrita

Dépôt légal : mars 1994, n° 6.526